Jane Ray · Noahs Arche

Jane Ray

Noahs Arche

Herder Freiburg · Basel · Wien

Für Clara

2. Auflage

Die Originalausgabe erschien 1990
unter dem Titel „Noah's Ark" bei Orchard Books, London

Deutsch von Heilwig Huber

Printed in Belgium
ISBN 3-451-22090-3

Gott sah, daß die Menschen auf der Erde böse waren,
und es tat seinem Herzen weh.

Und Gott sagte: Ich will die Menschen, die Tiere,
das Gewürm und die Vögel des Himmels von der Erde vertilgen,
denn es reut mich, daß ich sie gemacht habe.

Nur Noah war ein gerechter Mann,
er ging seinen Weg mit Gott.
Und Noah hatte drei Söhne: Sem, Ham und Jafet.

Und Gott sprach zu Noah: Ich werde es vierzig Tage
und vierzig Nächte regnen lassen;
und alles, was auf der Erde lebt, soll sterben.
Mit dir aber will ich meinen Bund schließen.

Baue dir eine Arche aus Zypressenholz.
Statte sie mit Kammern aus
und dichte sie innen und außen mit Pech ab.
Die Arche soll 300 Ellen lang sein,
50 Ellen breit und 30 Ellen hoch.

Du sollst ein Fenster einbauen
und einen Eingang an der Seite anbringen.
Richte ein unteres,
ein zweites und ein drittes Stockwerk ein.

Und nun gehe in die Arche, du und deine Söhne

und deine Frau und die Frauen deiner Söhne.

Von jeder Art der lebenden Wesen sollst du

je zwei in die Arche bringen, ein Männchen und ein Weibchen,

von den Vögeln des Himmels

und von den Tieren

und von allem Gewürm.

Nimm von allem Eßbaren mit,
damit es dir und ihnen als Nahrung diene.
Noah tat alles genauso,
wie Gott es ihm aufgetragen hatte.

Und nach sieben Tagen geschah es,
daß die Flut über die Erde kam,
die Schleusen des Himmels sich öffneten,
das Wasser stieg; die Arche aber trieb
auf der Oberfläche des Wassers dahin.

Und bald bedeckte das Wasser die Gipfel der höchsten Berge;

rundumher nichts als Wasser.

Da wurde alles, was auf der Erde lebte, zerstört.
Menschen und Tiere und alles Gewürm
und auch die Vögel des Himmels.

Nur Noah blieb am Leben und alle,
die mit ihm in der Arche waren.

Lange Zeit regnete es. Aber Gott hatte Noah
und seine Familie nicht vergessen.
Er ließ einen Wind über die Erde wehen.
Der Regen hörte auf,
und die Arche setzte im Gebirge Ararat auf.
Das Wasser nahm immer mehr ab,
und die Gipfel der Berge wurden sichtbar.

Am Ende der vierzig Tage öffnete Noah
das Fenster der Arche, und er schickte eine Taube aus,
um zu sehen, ob die Erde schon trocken sei.

Aber sie konnte nirgends einen Ruheplatz für ihre Füße finden,
da über der ganzen Erde noch Wasser stand,
und so kam sie zurück zur Arche.

Also wartete Noah sieben Tage,
dann schickte er die Taube wieder aus.
Am Abend kam sie zurück und hatte einen
Olivenzweig im Schnabel. Jetzt wußte Noah,
daß das Wasser von der Erde zurückgegangen war.
Er wartete nochmals sieben Tage.
Wieder ließ er die Taube hinaus,
und diesmal kam sie nicht mehr zurück.

Da öffnete Noah die Arche und schaute hinaus.
Er sah, daß die Erde trocken war.
Und Gott sprach zu Noah:
Meinen Regenbogen setze ich in die Wolken,
er soll das Zeichen des Bundes sein zwischen mir
und dir und jedem lebenden Wesen.

Komm heraus aus der Arche,
du mit deiner ganzen Familie,
bringe mit dir alle lebenden Wesen heraus,

die Vögel, die Tiere und alles Gewürm der Erde.
Seid fruchtbar und vermehrt euch
und belebt die Erde wieder.

Und solange die Erde besteht,
sollen nicht aufhören Saat und Ernte, Kälte und Hitze,
Sommer und Winter, Tag und Nacht.